# 给孩子讲述
# 科学

〔法〕让-马克·列维-勒布隆 著
张琦 译

La science
expliquée
à mes petits-enfants

Jean-Marc Lévy-Leblond

人民文学出版社

著作权合同登记号　图字 01-2021-4498

Jean-Marc Lévy-Leblond
La science expliquée à mes petits-enfants
ⓒÉditions du Seuil, 2014

**图书在版编目(CIP)数据**

给孩子讲述科学/(法)让-马克·列维-勒布隆著；张琦译.—北京：人民文学出版社，2022(2022.12 重印)
ISBN 978-7-02-016029-7

Ⅰ.①给… Ⅱ.①让… ②张… Ⅲ.①科学知识-儿童读物 Ⅳ.①Z228.1

中国版本图书馆 CIP 数据核字(2022)第 023786 号

| 责任编辑 | 卜艳冰　郁梦非 |
| --- | --- |
| 装帧设计 | 李苗苗　李　佳 |

| 出版发行 | 人民文学出版社 |
| --- | --- |
| 社　　址 | 北京市朝内大街 166 号 |
| 邮　　编 | 100705 |
| 印　　刷 | 凸版艺彩(东莞)印刷有限公司 |
| 经　　销 | 全国新华书店等 |
| 字　　数 | 60 千字 |
| 开　　本 | 850 毫米×1168 毫米　1/32 |
| 印　　张 | 5.125 |
| 版　　次 | 2022 年 3 月北京第 1 版 |
| 印　　次 | 2022 年 12 月第 2 次印刷 |
| 书　　号 | 978-7-02-016029-7 |
| 定　　价 | 45.00 元 |

如有印装质量问题，请与本社图书销售中心调换。电话：010－65233595

献给西蒙、路易、雷奥、阿纳托、克拉哈、艾玛、依兹多尔、诺埃、鲁斯、苏珊娜、约瑟夫、保罗

# 目 录

| | |
|---|---|
| 引子 | 1 |
| 1. 科学，一项集体运动？ | 5 |
| 2. "噢，严苛的数学" | 11 |
| 3. "神圣的错误，真相之母" | 19 |
| 4. 学习亦是乐趣 | 25 |
| 5. 有故事，就会让人感兴趣！ | 33 |
| 6. 充满思想的世界 | 39 |
| 7. 比哈利·波特还棒！ | 51 |
| 8. 情有可原的无理之局 | 59 |
| 9. 地球之外的原子 | 73 |
| 10. 这些奇怪的词语中藏着什么？ | 85 |

11. 为什么所有这些都是科学? 95

12. 客观与严谨——不可能吗? 103

13. 科学之外的知识 115

14. 从技术到科学,再回到技术 123

15. 选择自由的研究还是有收益的研究? 135

16. 科学将何去何从呢? 141

# 引子

咦？你在纸上画的这些奇怪的符号是什么呀？

这是我的工作，也就是物理学。

物理不是研究一些原子、分子、黑洞的吗？并且还有很多特别复杂的仪器用来观测这些东西。

你说得对！我的这张纸和这支铅笔，就是这样一个特别复杂的仪器。

我才不信，你少吹牛了。

也没有啦,只是个小小的玩笑。事实上,我使用的仪器,真的特别复杂,那就是我的大脑。

你是说你可以直接在你的大脑里研究原子?你不需要一台显微镜或者粒子加速器?

啊,当然需要啦,但是仅仅靠这些仪器提供的实验结果是不够的,还需要我们理解观测到的结果,分析得出的图像。这时候,就需要靠大脑来思考了,况且实验的设计和仪器的发明,这些本身也就是靠人脑想出来的。

不过,当你工作的时候,我还从没见你用过仪器呢……

因为我是"理论家"而不是"实验员"。其实,科学发展到今天,就像所有其他人类活动一样,变得越来越充实,也越来越复杂,因此就需要专业化,需要各有所长。就拿你喜欢的电影来举例吧,你知道,为了拍一部电影,需要一个团队一起努力,有导演、有演员……

# 1. 科学，一项集体运动？

*是的，导演、男演员、女演员……*

还有编剧、摄影师、配音师等幕后工作者。你只需要看看现在电影的片尾有多长，就知道有多少人为一部电影在工作，甚至还包括给剧组做饭的厨师。今天的科学界，通常有几百号人围绕一个实验共同工作好几个月。最后发表的成果论文上，也是由同样多的科学家共同署名的，而署名中也仅仅包括所有科研人员罢了，还不算那些工程师、技术员、秘书、服务人员等等，这个群体可能比科研人员更庞大，并且对于保障实验的顺利进行也是功不可没的。你可以想象一下，这就好比一辆汽车从工厂里生产出来，参与其中的也是个大团队：首先有一群工程师共同设计出原始方案，然后有生产主任监督整个组装过程，还有一群工人，他们根据方案，在这个位置拧紧了螺丝，在那个位置装置了缆绳。

**那你说，为什么每年诺贝尔奖都只颁发给一两位科学家？**

是的，诺贝尔奖的一个门类最多可由三位获奖者共享。这是十九世纪末，诺贝尔先生在他的遗嘱里规定的，那时候，科学还不像今天这样，还没有如此"工业化"的规模。但确实在很多时候，奖项很难做到与实际百分百吻合。这就有点像历史中的许多事件，我们都说恺撒战胜了高卢首领维钦托利，圣女贞德从英国人手中解救了法国，拿破仑赢得了奥斯特里茨战役，当我们这么说的时候，也不会提到成千上万真正参与到战斗中的士兵，然而没有这些真正的参与者和贡献者，王者领袖们是无法获得胜利的。

*如果有一天我开始做科学研究，我可不太愿意到这么庞大的团队里工作呢。*

是呀，尤其对于年轻的研究者来说，只能参与一个重大试验的某一特殊层面，却无法清楚地认识到全局，在一个巨大的机器中当一颗小螺丝钉，可能会有点失落。但这样也是有好处的：你会有团队合作精神和归属感。就像在一项体育运动中，有些人喜欢集体运动，比如足球、篮球，也有些人喜欢个人运动，比如网球、击剑。

*好在还是可以自己选择的！*

不过，也并不是所有的科学研究都需要这样的大型团队合作，主要还是一些实验项目，比如关于粒子的物理特性、分子生物学、天体物理学。而像数学、心理学、地质学等等，就很少需要大型科研团队，在人文社会科学中也不需要。

**你在读初中和高中的时候，是否就特别喜欢科学呢？**

"科学"这样一门学科其实是不存在的。有各种不同的科学门类，我可以稍后再详细解释。我读中学的时候，非常喜欢数学和物理，但我没有那么喜欢自然科学，也就是我们今天更习惯说的"生命科学与地球科学"。

**为什么呀？**

也许是因为在课堂上，自然科学的重点总在详细地描述现象，而没有多少逻辑推理。不过，自从上世纪五十年代，生物学和地质学都有了巨大的进步和发展，已经变得更加有意思了。我们目前已经对生物遗传有了更多了解，也掌握了大陆板块构造的过程。

## 2."噢，严苛的数学"

那太好了，我最喜欢的正好是生命科学。那么，你为什么会喜欢数学呢？我觉得好难呀！

是呀，不是你一个人觉得它难！你看，维克多·雨果在《沉思集》里是这么描述他的初中时光的："我可以算得上是数学的猎物／难熬的日子！一个诗意的孩子，吓得直打哆嗦／就像可怜的小鸟儿一头撞上囚笼／我活生生被带到数字面前，那可是一群黑色的刽子手［……］／从翅膀到鸟嘴，我被扭拧拷打／在那可怕的 X 和 Y 的行刑架。"

哎哟，可不是嘛！

不过后来，雨果对科学非常喜欢。另一位十九世纪的大诗人，洛特雷阿蒙，曾在《马尔多罗之歌》中写过对数学的赞美："噢，严苛的数学，我没有忘记您，您充满智慧的教导，比蜜糖还要香甜，像一股清流滋润着我的心田。"

其实，不应该把数学与我们在学校里教的数学课混为一谈。我同意你的感受，到目前为止，科学教育课程还不是那么有趣，但科学本应该是有趣的。

是呀，即便是讲到对我们很重要的问题，科学课程也往往并不有趣！

你想说的是什么呀？

比如说性教育，在讲到这个话题的时候，老师仅仅讲一些解剖学和传染病的知识。

当然，你们好奇的肯定是关于爱情的内容，你们会在听歌和看小说的时候学到，而不是在生物课上。你倒是举了个好例子：课堂科学教学和真正的科学实践之间的差别，差不多等于性教育课程和一段爱情故事之间的差别。

**你说得也太夸张了吧！**

哈哈，差不多是这样。

**那你们这些科学家，为什么不能让我们也感受到你们对科学的爱呢？**

因为我们还不知道怎么才能在传递科学知识的同时，也传递给你们发现这些知识的乐趣。换句话说，科学课程与其他的课程不同，科学知识的学习和实践之间，有着很大的差异。比如说语文课上，不仅会让你们做听写，要你们能够正确地遣词造句，不用错别字，还会让你们练习独立写作，未来，你们有可能成为撰稿人、小说家。再比如说体育课上，不仅让你们按部就班地做体操，还会真正参与各种运动项目！但一到物理课或者数学课，就老是要做练习题，用课上学的内容去找到正确答案，除此之外，很少有需要一些想象力和创造力的练习或活动。

那样也许确实会更有趣些，但还是会挺难的！

啊，好的，我们回过头来讲讲难度的问题。你觉得数学很难。但是，如果你成功地解答了难题，你会很有成就感，不是吗？

嗯，是的。我在马戏兴趣班里学杂技的时候，一开始，真的很郁闷，我没办法让绳子或小球保持平衡。但我当时觉得，其他同学能做到，实在是太美妙了，我就很努力地练习，现在我很满意我能达到的水平。还有我哥哥，他练小提琴也是一样的。开始的时候，非常可怕，他拉出来的声音简直是鬼哭狼嚎，但因为他真的喜欢音乐，他坚持下来了，现在拉得很好听。

数学也是一样的呀，虽然不容易，但是也让人感到美妙。此外，数学还有一个好处：当我们算出一个结果的时候，我们能够立即知道它是否正确。也正因为这个原因，我觉得数学作业和物理作业会比语文作业或哲学作业轻松，因为我总能提前预测到我会不会得一个好分数！我对哲学和文学也感兴趣，即便现在也是如此，并且越来越感兴趣，但我上学的时候，这两门课实在让我觉得没有安全感。相比于科学家，我更敬佩作家和艺术家，因为他们在创作过程中其实需要承担很多风险和不确定性。

这样看来，你选择做科学研究，是因为对你来说更加容易？

某种程度上来说，是的，我完全承认。

那你就没有在科学的道路上遇到困难吗？真是太幸运了！

啊！也不能这么想啊！你看，从初中到大学，我确实没有遇到什么困难。所以我就走上了科研道路。但从此，一切就没那么顺风顺水了！在我最初的研究工作中，我必须接触一个没人研究过的问题——噢，事实上，这个问题并不是很难，只是一个已论证问题的拓展罢了。我一下子懵了！我完全不知道从哪里开始着手，因为不像在学校的课堂作业，我总是知道需要用什么原理或什么方程来解答。我于是消沉了好几个月，直到有一天，一位著名学者友善地告诉我，我的感觉完全正常，研究工作的大部分时间，确实会耗费在什么也找不到的状态里，甚至不清楚自己究竟要找什么，而最坏的情况是，到最后才发现自己一开始就弄错了！

# 3. "神圣的错误,真相之母"

*这怎么讲?我以为科学的方法,就是可以避免犯错误的呀!*

我得实话告诉你,我从来没有明白什么才是所谓的科学方法,因为我觉得书本上描述的内容都离现实太遥远了。总而言之,科学研究的工作中,并不会比其他领域有更多方法能确保获得成功。犯错误是不可避免的。错误并不是过失,而是在寻找正确道路时走的一些弯路。维克多·雨果在《艺术与科学》中写道:"噢,神圣的错误,真相之母,步履蹒跚、双目失明、但却是真正神圣的母亲。"

好美的诗句，但我觉得我应该是会在严重错误上栽跟头的人！

我也是啊！告诉你吧，我作为理论数学家，做的大部分运算都是错误的；我的实验员朋友们，他们的大部分操作都是失败的。至少在我们刚入行的时候是这样。失败之后，又不断重来，有时候我们做多了就能得到满意的结果。我经常和我的学生们讲，我也和他们一样犯错误，但我的一个优势就是，我对我犯的错误有一个预判，尤其是我通过一些验证方法和修正方法，可以探测我犯错的数量并且减少错误，当然，这也并不能使我一个错都没有，最细微的错误往往最难发现！也许，如果真存在一种像你说的避免错误的科学方法，那么它应该就是时刻进行自我审视的方法。但这也是说起来简单做起来难啊！

这个回答应该挺叫人失落的吧？

可能吧。不过，幸运的是，做科学工作也并不仅仅是搞研究。科学家还应该参与教学，向人们提供科学解释。也就是说，不仅仅是探索新的科学知识，还需要向别人分享科学。而且分享是非常有成就感的，也许比不上那些在科研工作中偶尔灵光一现的成功时刻，但向大家解释科学却让我觉得很有底气。这也是为什么我很喜欢和你聊科学！

好，当我下次遇到难题不会解的时候，我一定会想到你也有不会解的难题！

你知道吗？我和大多数科研工作者一样，都有过失败的惨痛经历，只是很少有人会说出来。有时候，那些一路顺利的"好学生"在很晚的时候才会遇到困难，我觉得他们并不是最能经得起失败考验的人。也许反而是那些"坏学生"，他们很早就经历过挫折，所以在科学工作中更容易学会面对现实。我甚至在想，是不是应该在科学学科成绩较差的同学中招募一些科研工作者！

**那当你开始全身心投入到科学的时候，你难道不觉得放弃文科很遗憾吗？**

是啊，我当然觉得。其实，我并没有完全放弃文科啊，我是业余的文科爱好者。我继续阅读哲学、文学、历史方面的书籍。

**然而，我们经常听说，做科研要全身心投入，不能有心思想别的事情。这让我有点担心，我也在考虑将来我要从事科学行业还是从事文科相关领域。**

首先，我要告诉你，这种将文科和理科顽固地割裂和对立起来的观念是非常愚蠢的，这其实是由于学校教学体系的划分而产生的刻板偏见。有很多工作，其实是大部分工作，我们是没法将它们纯粹归为文科或理科的。

*比如说呢？*

其实有很多学科都是这样的：人口统计学、经济学、地理、建筑学……

那我再回到科学这个话题，你刚才说科研工作要求我们把全部的时间都扑在上边，人们也常这样说科学家，比如牛顿的故事啊等等。当我们去问一位科学家他是如何完成某一伟大发现的，他通常也会说："因为我无时无刻不在思考这个问题。"对于牛顿或爱因斯坦这样的科学天才，也许事实确实如此。但这样的天才毕竟是少数，并且科学也需要别的类型的人才。所幸大部分科学家并不是二十四小时不间断工作的！不少科学家在走出办公室或实验室的时候，还是音乐达人或者登山爱好者。并且，科研工作也和其他的人类活动一样，是有工作方法的。

当然，今天的实验技术或者理论研究技术已经非常智能化，比如物理中的微粒研究，要在一个大型加速器上进行试验并做数学计算，这需要长期不懈的努力。但从事科学工作并不仅仅是发现新领域就够了，发现了之后还需要勘探、测绘并且开垦这些新领域。换句话说，要完全理解它们而不仅仅是知道它们。所以，对于这样的工作而言，拥有一定的哲学甚至是艺术底蕴，无疑是非常有帮助的。

我实在不理解，难道说一本小说或一首诗能够帮助解决一个数学问题或者使得一个化学实验取得成功？！

是啊，当然，看起来确实没那么简单。但其实是有的，比如说对于我们在中学阶段学习的科学学科，语言文学的学习也许会帮助我们更好地克服困难。我可以详细解释一下。刚才我让你做你的物理习题，你一开始做不出来，你还记得我当时对你说了什么吗？

## 4. 学习亦是乐趣

我记得,你说这很正常,如果我们总是一下子就能解答出来,那就没必要做这些习题了。你还跟我解释说,这些题目这样设计,就是为了训练我学会思考。

是呀。我之所以坚持这一观点,是因为当你学完某个数学定理或者物理原理,并不是只需要牢记于心就行了,记住并不是最重要的,这一点很多人都有误解。那么应该怎么做?应该深入理解其中的含义,并且掌握什么情况下可以应用它们。而需要掌握,就必须经过训练。换句话说,即便是简单的习题,比如说一些数值计算,答案不是一下子就能出来的。你知道我最不满意的事是什么吗?当你面前有一个问题要解答，如果你无法立马找到答案或者解题思路的话，你就马上泄气，跟我说"我不会做……"。你当然不会做啊，否则你花工夫解答这个题就没有意义了！很多人都像你一样，都觉得在面对理科习题的时候，要么可以一下子找到正确答案，要么就解不出。你倒是跟我解释一下，为什么会这么想呢？

因为大家常说，理科要学好，需要有天赋。所以我们最后就相信了，有天赋的人，自己就能学好，否则的话，如果我们没天赋，那就是白费力气。

那你的英语很好，你认为是因为你有一个特别的天赋，使你不需要努力就能轻松学好英语吗？你是不是只要一看到或听到一篇英语文章，就立马能理解其中的内容呢？

不是啊，我还记得我小时候因为自己不懂披头士的歌词，而很生自己的气呢。

那，你怎么做的呢？

嗯，我学习了生词、语法、发音……

在初中的课堂上学的吗？

是，但也不完全是。我在电脑上查了一些我喜欢的歌词，双语版的，然后我进行对比，并且还到字典里去查我不认识的词。噢，对了，我看电影或者电视剧的时候，通常会选择看有字幕的英文原声版，然后看字幕的时候也同时注意听英文对话。

看来，你真的很努力学英语呀。

没有啊，我是因为喜欢所以才这么干。

说到点子上了。为什么我们把不喜欢做的事才称之为"学习"或"工作"呢？你不觉得也可以像你喜欢英语一样喜欢数学或物理吗？

不觉得，又没有跟科学有关的歌曲或者电视剧……

真遗憾！但是你说得也并不正确，你肯定记得警匪片《海军罪案调查处》和《专家》吧？你当时那么喜欢看，并且不久前还说今后要当科学警探呢。

看他们办案，那些化学器械还有尸体解剖，实在太酷了！

那天文学呢？难道你抬头看看天空就能认识那些星座和星球？

当然不行啦，但是当我们晚上拿着小望远镜去看星星的时候，你经常指给我们看，而且我们每年夏天都去参加天文节，我看了很多关于火星和土星的精彩照片。

好，但你记住了这些星球，并且你还理解了这些星体的复杂运动，所以你也努力地学习了。

但这不是在学校里学的！

这也挺遗憾的，我们的中学不怎么教天文学的详细内容。但我看出来，对你来说，学习只是学校里要求的，那我提议用另一个词替换一下这种在科学和别的领域都需要的努力。不如我们用"训练"这个词吧？

你是说体育训练的训练吗？

是的！再想想你的马戏兴趣班，你不会说只要看看你们师傅怎么做就能学会那些前仰后翻的姿势吧？

不，这些都得慢慢学，并且很累。

是啊，科学也是一样的。当然，有一些人学起来更轻松，但这种轻松并不是所谓的"天赋"。但几乎所有人都可以理解科学，就好像几乎所有人都可以学跳舞、足球或英语。

我知道，但是需要有这个意愿才行。

完全正确，这就是问题的关键了。学习科学并不比学习语言文学要难，但目前为止，学校里上的科学课比较难让人产生兴趣。

那这是为什么呢？

我来告诉你我是怎么想的。如果说英语让你觉得有趣，那并不是因为这门语言本身吸引你，至少一开始的时候不是……

对呀，是因为我想要理解我喜欢的歌，还有电视剧。

说得没错！我认为，学校里教授理科课程，主要教授的是一些解题方法：如何做一个几何论证，如何计算导数，如何画出力学分析图，找出某反应的化学平衡……却没有首先花时间去找出问题本身的性质和兴趣点。我说的问题当然不是说你在课堂练习题里要解答的问题，而是科学家们要解决的问题。打个比方说，这种教学方式就有点像在语文课上，只教字词和语法，但是不对小说和戏剧等文本进行阅读和思考，所以你不能理解其中的含义，也不会知道作者传达的理念。说到这个，上世纪著名的法国作家娜塔丽·萨洛特写过的一句话，我很喜欢，她在谈论文学的作用时说："文学给予读者的只是一种认知，关于他们是谁、他们的境遇如何、他们的生活是什么，而这种认知比读者自己所知道的要更深刻、更复杂，也更准确。"

是啊，当我们读《贵人迷》或者《红与黑》[1]时，我们从中体会到了许多人际关系、家庭关系和情感关系。但是我实在想不到怎么可能在科学中找到相对等的内容！

哈，我来给你举个例子。你还记不记得你叔叔因为血液循环出了问题而做的检查叫什么？

---

1 《贵人迷》是17世纪法国喜剧作家莫里哀的剧作，《红与黑》是19世纪法国文学家司汤达的小说。

# 5. 有故事，就会让人感兴趣！

好像叫"彩超"，是吗？

是的。这得益于一个奥地利物理学家多普勒，他在十九世纪发现了"多普勒效应"，你在高中的时候会学到。

这个效应是什么？

当一辆救护车响着警报灯经过你身边的时候，你有没有注意到什么特别的现象？

有，当它开向我的时候，警报声很尖锐，而当它从我身边开过去之后,警报声就越来越低沉了。

很好,这其实就是多普勒效应,也就是说,声音的频率会随着声源和接收者的相对运动而产生变化。

但这和我叔叔在医院做的检查有什么关系啊?

我马上就会说到这上面来。事实上,多普勒最初发现这个现象,并非通过声波而是通过光波,因为太空中星球的颜色会根据其相对地球运动的速度而发生改变(并且这也正是研究星球运动的一种方法)。之后,人们又发现这一规律适用于所有类型的波,声波就是其中一种。几十年前,人们想出了一种测量人体血液流速的方法:发射超声波,然后观测它遇到红血球后反射回来的声波频率,即可计算出红血球的运动速度。

至少有一点我非常肯定，如果你一开始就这么跟我介绍多普勒效应的话，那我一定没有任何兴趣了解它了。

你说中了一个关键词："介绍"。因为在目前的一些教材里，讲到超声波检查技术的时候，绝对有许多关于多普勒效应公式的应用习题。但我脑子里想的是，要先讲述发现这个现象的故事，然后介绍这个现象的应用场景，最后再进入数学意义上的描述。

如果我们提前就了解了它有什么用处，那我们肯定会更加积极地去学习掌握它！

是的，可是，你觉得怎样才是有用处呢？

嗯，就像你刚才举的例子一样啊，物理原理用在了医学领域。

我也许不恰当地举了一个过于简单的例子。原因有两点：首先，有一些科学发现的"有用处"在于能够实现一些危险的发明甚至犯法的行为……

你是说制造武器，比如说原子弹那种吗？

是的。

那第二个原因是？

第二个原因更加重要，那就是科学的"用处"并不仅仅是推动技术进步，不管这个技术是有利的还是有害的。甚至可以说，科学事实上也没有从一开始就用于发展技术，这个角色不过是最近两个世纪才有的。

两百年已经是一段很长的时间了！

对你来说，是的，因为差不多是你年纪的十五倍吧，但对我来说，只是我年纪的三倍，哈哈。而要说放在人类历史的好几千年中，你就会觉得两百年不算长了。

比如说，古希腊人，是他们发明了数学，难道那时候数学对他们一点用都没有吗？

没有。或者说，没多大用处。你学习的这些定理：泰勒斯定理、毕达哥拉斯定理……当时的建筑工人、木匠、土地测量员等肯定是不会用的，理由很简单，因为大部分工匠都是奴隶，他们连字都不识，更别说学习理论知识了。这些知识只有自由人能享有，而且是自由的男性，当时的女性也几乎与知识界绝缘。这种根深蒂固的分化、干体力活所受到的轻蔑，我们也能从柏拉图和色诺芬的作品中读懂一二："城邦中，（对工匠活计的）轻蔑是自然而然的。这样的活计既折磨着工人的身体,也折磨着他们的管理者,永远都坐在作坊的角落,一辈子就耗在了这儿[……]。身体因此变得疲软,精神也变得萎靡。[……](这些工匠)变成了坏人,变成了不愿意保卫国家的子民。因此,在有些城邦,尤其是战略地位重要的地方,那里的人是不允许靠工匠手艺营生的。"

# 6. 充满思想的世界

既然没用，那古希腊人干吗要对数学感兴趣呢？

为了思考！古希腊人发明的并不是普遍意义上的数学，也不是几何学，而是论证的思路、逻辑推理的方法。因此，数学对他们很重要，主要是因为它不止是一个观点，还提供了一种论证模式，能够推翻某些原本让人深信不疑的想法。你看，这其实就是一种哲学上的跨越，而非仅仅是科学的进步。据说，在柏拉图教授哲学的学院门口，刻着这么一句箴言："不懂几何学者请勿入内。"理性的讨论可以推导出被一致认同的信念，这个想法也就奠定了民主的基石，即便当时在雅典的民主仅仅被百分之十的居民所享有，原因我刚才已经讲过了。

**那么，我们可以认为，在那样的时代背景下，数学甚至具有了政治上的用处，是吗？**

是的，可是你也一定感觉到了，"用处"这个词似乎也不是很恰当。也许这样说更合适：数学与哲学在当时并没有明显的分界线，而哲学是具有政治功能的。

**但哲学也不是用来搞政治的吧？**

当然不是，哲学是思考世界的方式，这个世界可以是人的世界，可以是物的世界，也可以是概念的世界。

**物的世界，这难道不就是自然科学的思考对象吗？**

在今天看来是的，天文学、物理学、化学、生物学、地质学等科学研究的是星体、原子、材料、微生物、矿石等等。不过，这些科学门类在古代还不存在，还没细化成今天的这些学科。

你刚才还说到概念的世界，那又是什么呢？

对这个世界进行思考，就是对"世界是什么"产生概念。这不仅仅需要描述这个世界，更需要理解它的组织结构和运作方式。那我们立即来举个例子，现在我们在这个花园里，看见我们周围的一切，但要真正理解它，就得把植物和动物分门别类，这样才能使这个看上去杂乱无章的园子有一定的秩序：花、树、昆虫、鸟……

我不太明白你到底想说什么。

我想说的是，很多词语都可以用来描述我们眼前所见到的事物，然而这些词并不代表这些具体事物，而代表一些抽象的概念。

我不明白：一朵花、一只鸟，这些不都是具体的东西吗？

你看，种在那个小角落里的那朵花，白色的花瓣，纤细的花枝，它是具体的；那只黑色的鸟，翅膀不怎么灵活，边飞边叫嚷着，它也是具体的。但如果你只考虑每一个具体事物的独特性，那么这个世界对你而言就是一个巨大而复杂的混沌体。只有找到这些事物的共性，归成不同的种类，你对这个世界的理解才有意义。你再看看这朵花，红色，散发着香气，花茎上长着刺，和之前那朵花一点也不像；那只棕色的鸟，躲在树篱中间，翘着小尾巴，和我们刚看到的黑鸟也毫不相同。然而，我们都把这些不同的个体归到了同一个种类：花或者鸟。这样的种类划分，聚集了有一定共同属性的事物，使我们对世界的认知有了秩序。

那又怎样？

重点在于，"花"、"鸟"指的不是某些特定的个体，而是抽象的概念，也就是花的概念、鸟的概念。十七世纪的大哲学家斯宾诺莎，他曾经提出一句备受争议的格言："狗这个概念不会叫。"你明白这是什么意思吗？

我想我明白了：会叫的是这只长耳朵的棕色猎犬，或者那只可怕的斗牛犬，但不是"狗"这个普遍概念。但话说回来，这些又和古希腊数学有什么关系呢？

我正要解释这一点。你看，我们刚才无意之中就涉及了自然科学的内容，并且也明白了，即便自然科学关注的是具体事物，也仍然需要抽象思维的帮助。

而数学，简直就是抽象思维的王国。你先想想数字的概念，我之所以说概念，是因为你从来都没有"见到"过数字。

怎么可能？我看见这个篮子里有三个苹果和两个梨，屋里的墙上一共有六幅画！

是呀，但请注意，你看到的是两个、三个或六个"物体"，而并没有看到"2"、"3"或者"6"！这些数字都是概念，你如果看见三个苹果、三块石头、三只狗，那么"三"这个概念就是你看到的这些物体的共同特征。同样的道理，你也从来没有看见过圆形！

那照你的意思：我看到这个圆形的盘子、这个圆形的 DVD 光碟、今晚的这轮圆月，但圆形是一个抽象概念，通过这个概念，我能够认出这些物体有着同样的形状，对吗？

完全正确。几何学正是研究这些形状概念的。当数学老师在黑板上画了一个圆圈，其实本质上也是留下了粉笔的圆形印记，这个圆圈的边缘有一定的厚度，并且徒手画成的圆也并不是严格对称的，所以黑板上的这个圆，其实只是圆形概念的一个并不完美的具体呈现。

这就糟糕了，如果这些形状的样子不严格符合它们所代表的概念，那么我们怎么能通过这些不完美的形状来进行推理和思考呢？

那就是通过论证来思考的，也就是说，需要相信这些数学概念的理论属性，并且按照逻辑规则来对其进行推理。

我大概知道我为什么不喜欢几何了，因为当我画出图形的时候，就发现老师要求我论证一个显而易见的现象，我都不知道为什么需要证明它。

哈哈，理由很简单：因为你的眼睛有可能欺骗你啊，而且你画出来的形状可能具有一定的特殊性，恰好能让某个结论成立，然而这个结论可能只是一个特殊情况而并非普遍情况。举个例子，你有没有注意到，你很难画出一个没什么特征的三角形？通常情况下，你画出的三角形要么像等腰三角形，要么像直角三角形……更糟的是，这种暗含着特性的形状，就如同一个圈套，会导致你走向相反的结论或者自相矛盾。

那这样看来，我们学几何的时候，就应该避免使

*用这些形状，不是吗？*

是的，自从十九世纪以来，现代数学就开始朝着这个方向努力了。然而，我们也不能纯靠逻辑推理，其实也经常需要画草图，并结合自己对抽象图形的想象力。数学家们处理的问题比中学课本里的要抽象得多，然而他们还是继续画图，建立图像模型，总之还是要用眼，而不是只用脑。不过，我要补充一点，世界上也存在伟大的盲人数学家，他们其中就有人通过想象出的图形来工作的。

*好吧，那我们还是回到古希腊时期吧，数学在当时扮演了怎样的角色呢？*

如果你听懂了我刚才说的这些，我想你应该也就明白了，数学可以提高人的逻辑推理能力，并且从某种意义上而言，为思想提供了萌芽地和训练场。

所以我们还是回到了刚才说的,数学的用处在于别处而不在它本身。我还以为你会告诉我一些数学本身的意义。

数学当然有它本身的意义,我这就要跟你说来着。在所有的人类活动中,运用抽象思维和进行艺术或体育活动一样,都能给人带来乐趣,当这些活动打破了人们原以为的极限,甚至能带来幸福感,而在打破极限的过程中经历的困苦都不算什么,甚至越受困境折磨,在超越的那一刻就越幸福!

我曾经在电视上看过一个节目,讲的是田径体育的历史。毫无疑问,历史上第一个在10秒之内跑完百米赛跑的运动员,他打破纪录的时候得有多幸福!

你举了一个好例子!我记得很清楚,这个百米飞人是吉姆·海恩斯,他于一九六八年十月在墨西哥奥运会上夺冠，那一年也是很特别的一年，墨西哥经历了学生抗议运动，反对美国种族隔离的游行接连不断，甚至在奥运会期间也一直持续……

等一下，我对你这些一九六八年的故事暂时还不那么感兴趣，也许等将来某一天你可以给我仔细讲，但是现在我们正在讨论科学啊！

那你好歹让我再说一件关于这个著名的百米赛跑的事，况且，明明是你挑起了这个话题啊！重点在于，吉姆·海恩斯完成10秒内跑完100米的奇迹之前，没有人能达到这个速度，而就在他做到的第二年，十多位短跑运动员都做到了，而今天，所有短跑健将都能做到，而且也应该做到。二〇〇九年，在柏林的世界锦标赛上，尤塞恩·博尔特创下了9.58秒的世界纪录，从此，世界前五的记录都保持在了10秒以内！

那又说明什么呢？

说明如果一个人能做到，那么很多人（虽然不是所有人）也可以做到！对于科学而言，也是一样的。假使你觉得毕达哥拉斯定理或者泰勒斯定理很难，那你想想，在二千五百年前，这些定理还只有极少数思想水平高的人可以掌握；而今天，不知道多少人都已经在学校学过了！你不觉得很自豪吗？即便不说这个，当你成功解开一道难题时，吃透一堂数学课时，你不会觉得很有成就感吗？

## 7. 比哈利·波特还棒!

是的,我会觉得很高兴,心情愉悦,并且还会让我想要继续学下去。

这就是我刚才想要告诉你的:科学知识有自己的作用,它是快乐的源泉,甚至给人以享受。

可生活中别的好玩的事可多了!

好在有很多啊!正是因为人类活动各式各样,快乐的源泉也多姿多彩,这才使生活更加有意义,不是吗?虽然不能说科学是最美妙、最高贵、最有用的,但也不应该仅仅从科学的应用价值这样单一的一个维度来评判它。大家并非一定要爱数学。我们完全有权利更喜欢音乐或者更喜欢文学，也可以喜欢运动或是烹饪，但我们不能忽视了一点，科学是人类文化的一部分，或者至少能够且理应成为人类文化的一部分！

*为什么感觉你的最后这句话还有点不那么确信？*

因为我担心科学已经和文化脱离了，尤其是在最近的这一百年。

*可为什么我倒是常听人说起"科学文化"这个词？*

就是说呀！如果科学真的成了文化的一部分，那么就没有必要老提这个词了。当我们谈起文学、音乐、电影，大家都知道是在谈文化，也就没有必要说"文学文化"、"音乐文化"、"电影文化"。你知道吗？

文化就有点像我们的祖国：统一而不可分离。只要我们分割文化并且加上修饰语，那就……

也就是贴上一些标签？

对的，是一个意思。所以只要一分割，文化最关键的东西就丢失了——不同领域之间相互补充、相互促进，而人可以在文化的广阔天空中自由翱翔。

那你为什么觉得科学脱离了文化呢？

因为科学和大家公认的文化活动实在是没有太多关联。

但是也有很多音乐家使用电子技术，也有很多艺术家会用信息技术来创作呀！

是的,这样挺好的,但是这种情况主要涉及的还是技术,是工具的使用,而并非科学内容本身。你知道有什么小说或电影是以科学家为题材的吗?除了某些漫画里边的科学怪人形象,恐怕没有什么被大众熟知的科学家了。不过,科学在我们的社会生活和私人生活中都必不可缺,我们也许可以期待将来的文化氛围可以让我们更好地了解到科学扮演的角色。

你有什么具体的想法吗?

比如说,人工授精、器官移植、化工污染,这些都是很棒的故事题材。还有更激动人心的领域:发现未知星球、研究类人猿,还有很多很多……总之,有很多科学研究都无比神秘,和哈利·波特的魔法一样迷人!

也许你说的是对的,但如果把科学现象写成小说,那作者的才华可不能比哈利·波特的作者差,或者更好的是改编成电影，那也需要电影拍得十分出色才行。

我完全赞同。你让我想到了一位伟大的物理学家韦斯科夫，他同时也是二十世纪的一位大文人，他说，在文化的绝大多数领域中，我们总是有理由去崇拜伟大的创作者，诗人、剧作家、作曲家……但我们也应该高度重视那些演绎者，如果没有演员、乐师，我们又怎么可能欣赏到那些伟大创作者的作品呢？我们需要像布鲁诺·瓦尔特和托斯卡尼尼这样的乐团指挥，来欣赏莫扎特或威尔第的节奏；我们需要像凯瑟琳·费丽尔和卡拉斯这样的歌唱家，来聆听马勒或普西尼的乐曲；我们需要像维拉尔和夏侯这样的戏剧导演，来更好地理解布莱希特或莎士比亚。除了这些人，你还可以罗列一份电影演员以及摇滚歌手的名单，那可就太长啦。其实也就是说，文化不仅仅是由创作者来锻造和传承的，演绎者也扮演着很重要的角色。而韦斯科夫惊叹的是，为什么在科学领域，演绎者的重要性还没有被公认，没有被重视呢？

可是，在科学领域，已经有像你说的那样伟大的演绎者了吗？

当然有。我可以跟你说说保罗·朗之万，二十世纪初他解释了相对论，甚至要比爱因斯坦本人解释得更好。还有斯蒂芬·杰·古尔德，他在二十世纪末的时候，为进化论的解释做了大量工作。还有许多这样的科学家，他们的才能可能不在于发明创造，而在于解释和演绎科学原理，这其实也是我们非常需要的才能，却极少得到重视。

你觉得这样的工作没有得到重视的原因是什么呢？

我想也许是与当今科学的另一个特点有关,而也正是这个特点使得科学与文化分离得越来越远:它缺少历史的记忆。

# 8. 情有可原的无理之局

是吗？可是我们今天也仍然在说毕达哥拉斯定理、阿基米德原理、笛卡儿公式、牛顿定律等等，怎么能认为科学没有历史呢？

的确，但你说的这些仅仅是某些名称，这些叫法有的时候甚至都是不准确的。事实上，我们今天已经不怎么会去看这些伟大科学家的著作了。大多数物理学家从未读过伽利略，甚至没有读过爱因斯坦，大部分生物学家没有读过亚里士多德或达尔文……

但是如果已经学会了这些伟人发现的科学原理，再去读他们的作品还有什么用吗？

很多人像你这么想,认为科学没什么历史可谈的,因为科学一直把过去的发现都包含概括了。但我认为这是一个错误的想法。如果我们以积极的方式去看科学的历史,那么多多接触科学史是大有裨益的。首先,通过了解过去,我们能更轻松地学习现有的科学知识。我给你举一个例子。你应该听说过相对论吧?

听过,爱因斯坦提出的,并且大家都不懂他到底是什么意思。你说的是这个吧?

哈哈,你所说的这就是一个传闻,历史的真相并非如此。首先,如果回到一个世纪以前,当爱因斯坦刚提出他的理论,大家的确是不太理解,但是今天,大学里会教相对论,已经有千千万万的人理解了它,并且每天都有几万人在应用这个原理。不过,有一点得说清楚,相对论的理念,并不是爱因斯坦发现的!

我们可以追溯到现代科学的初期，是伽利略发现了相对论，只是当时并没有以"相对论"这个称呼来命名。爱因斯坦所做的，是把旧时期的相对论更新，变成更令人满意的版本，这个版本也更复杂。其实，旧版本的相对论原理也并没有我们认为的那么简单或者一目了然，但基于这个旧版本，我们可以更轻松地理解和掌握新版本的相对论。

你刚才说，多接触科学史大有裨益，那快说说还有哪些好处？

嗯，还可以让我们更清楚地知道科学在社会历史中的地位，它与经济、政治、技术等的关系，这些都是当下非常重要的话题。不过，我想回过头来谈谈科学给我们带来的思考的乐趣。我给你讲个古希腊的例子，其实这也是科学的历史。我问你，数字是用来干什么的？

用来数数的呗，不是吗？

整数确实是用来计数的。但是分数呢？我想你应该学过"有理数"了。

嗯，分数可以用来计量和比较，比如说，我买半斤黄油，你要四分之一杯红酒，等等。

是的，古希腊人有一个关于比例的原理，因此他们对分数掌握得很好。比如说，为了比较两根棍子的长度，只需要找到其中一根的等分段同时也是另一根的等分段，举个例子，如果我们把第一根棍子等分成五段，而三段加起来就刚好是第二根棍子的长度，那么我们就知道，第二根棍子的长度是第一根的五分之三。等分成的小段也被称为这两根棍子的长度的"公约数"，因为两根棍子的长度都能被小段的长度整除。

这很简单，不需要学数学就能懂的！

等我说完。我们再来看一个正方形，假设它的边长为一米，那么它的对角线是多长呢？

我不知道啊，量一下不就行了吗！

不不不，打家具的木匠才用这样的方法呢，当然他量出长度来也就够了。但对我们来说不够，我们想要可以被论证的结果。你怎样才能找出正方形边长与正方形对角线长之间的关联呢？

等下……我们能否试一试毕达哥拉斯定理？

当然可以，你来试试看！

那我假设正方形的对角线长为 $X$，根据毕达哥拉斯定理，$X^2 = 1^2 + 1^2 = 2$。所以 $X$ 等于 2 的平方根，$\sqrt{2}$。

那是多少呢？

我可以用我的计算器吗？

好的，允许你用一次……

计算器说：1.414231562。

这是一个有理数吗？

是的，它是一个分数：1414231562/1000000000

那这个数真的是 $\sqrt{2}$ 的值吗？

我不知道啊，我的计算器只能精确到小数点后 9 位。

那你怎么办？

嗯，找一台强大的电脑，可以计算出小数点后所有的位数，即便有好多位都可以算出来。

既然你说"好多"，那你觉得它有可能是一个尾数很长的小数，不过你觉得它是有限的，对吗？其实你想错了！只需要一番论证，我们不难得出，这个数换算成小数，那小数点后的数字永远没有尽头，并且是不循环的。有些无限小数是循环的，比如像1/11=0.9090909……。也就是说，$\sqrt{2}$不是一个分数。因此，我们也有必要去探讨一些不可以被整除、没有公约数的长度，就好比正方形的边长和它的对角线长度。

啊，那就是说，有一些长度，我们是没法测量的？

没法用分数或者说"有理数"来测量。为了表示这些长度，需要别的数，也就是"无理数"！

*这名字就起得真好，因为听起来好像一点道理也没有……*

是的，不过事实上，这是一个无意之中的文字巧合，拉丁语中"ratio"这个词有两个含义，一个是"比率"，另一个是"理性"，有理数和无理数的命名取的是"比率"这个含义，但"理性"这个含义却是这个词更常用的意思，于是就张冠李戴了。其实，无理数完全符合理性逻辑，并且也正是理性逻辑的产物！我再告诉你一个惊人的事实，无理数比有理数要多得多，你要是在大学继续深入学习数学就会知道。

*怎么会多得多呢？分数的数量不就已经是无穷无尽了吗？分子和分母可以是任意整数，那组合起来可就多了去了。*

是的，有理数和无理数都是无穷无尽的，但是无穷无尽的东西我们也是能比较的！

等一下，你这样说，我头都要晕了。

太好了！你现在就感觉到了数学能给思维带来的眩晕感。还有什么感觉会比掌控自己的眩晕感更加爽快呢？

倒也是，就好比我以前爬上顶峰的时候，站在峭壁的边缘我真的好害怕，但我成功地超越了自己，赞叹那峭壁的美。

要知道，你不是第一个在无理数面前感到眩晕的人。据说，毕达哥拉斯学派的成员发现了无理数（事实上在更早之前就有人发现，那故事就太复杂了），他们非常震惊，以至于把结论当作秘密，没有公之于众。但难能可贵的是,这个如此非凡的发现如今已经可以被掌握、被解释、被传承了。另外,在柏拉图最为重要的对话录之一《泰阿泰德篇》中,也引用了无理数的例子,来深入讨论概念的本质与数学论证。无理数的发现还使得无穷的概念得到了更好地理解(拓展到能够比较不同的无穷概念),尤其得益于十九世纪末伟大的数学家格奥尔格·康托尔。不过这些都曾经历了非常顽强的抵抗,到今天,无理数终于成了普通数学的一部分,并且在大学刚入学的课程里就会教授。

好的,但我不是很明白你举这个例子到底想告诉我什么道理。

就是想告诉你,要对人的思维能力充满信心,我们的大脑完全可以超越那些看起来自然而然的事物,去思考那些并不那么直观的概念。这个道理对科学之外的其他领域也同样适用!

*那你有没有一些其他与科学有关的例子,除了数学之外的?*

当然有!我们甚至可以肯定地说,一个知识之所以是科学知识,往往是因为它和我们的感觉或想象恰好背道而驰。比如说:太阳并非绕着地球转;当我们把氧气和氢气这两种气体化合,得到的是一种液体,水;人类和蚯蚓有共同的祖先;钻石和煤炭是同一种元素构成的;一克铀拥有的核能与两吨石油拥有的化学能是等量的⋯⋯

*这样看来,科学是充满悖论的,对吗?*

你说得太对了。但是需要理解"悖论"这个词的真实含义,而不应该将它理解为荒诞、不合逻辑。从词源的角度来看,"悖论"(paradoxe)这个词源于古希腊语,para = 反对,doxa = 公众意见。那么,一个悖论,就是一个与常识、常理相违背的命题。而我们需要科学,正是因为我们的常识、常理不再满足我们理解世界的需求,尤其无法解释我们没有太多经验的领域。

你想说的是什么?

我想说的是,如今的许多科学现象是我们无法直接感知的。比如说,我们正无时无刻不被包围在许多电磁波中(广播、电视等等),而这只能在专业仪器的帮助下才能探测出来。再比如说,你的小拇指的指甲盖每秒都被来自太阳的几百亿中微子穿过。所以说,科学本质上是悖论,也实属正常。

好吧,但当所有违反常理的真相都被找到之后,科学就完成了使命，不是吗？当一切都被发现之后，科学的工作是否就结束了？

很多人对此持肯定态度。他们的确觉得有一天我们会发现最后的真相，一切都将被解释。他们认为，如果我们真正掌握了微粒的性质，就能完全理解原子和分子，进而理解化学结构和生物构造，理解动植物和人，理解人类的大脑和社会……

怎么，你好像不赞同这个观点吗？

完全不赞同。首先，没有证据指出，在目前已知的基础元素之外，我们就不会发现新的物质了。那么，如果有新发现，就势必要重新开始科学工作，从新的层面去理解。对了，说起来，你知不知道"原子"（atome）这个词是怎么来的？

我猜又是来源于古希腊语?

是的。在希腊语中,"tomein"这个动词意为切割,而原子的希腊语是"a-tomos","a"在希腊语中是剥夺、否认的意思,所以原子在希腊语中的直接含义是"不可切割",也就是说,它小到不可再分了。

# 9. 地球之外的原子

一个原子，原来指的是我们不能再分解的东西啊。为什么科学家老喜欢用一些让人搞不懂的希腊词语啊？

你这个问题问得很有意思，我之后再解释。现在我们继续聊一聊原子，在古希腊人眼中，原子的确是不可再分割的基本粒子，一些哲学家认为物质是由原子来构成的，但也只是单凭想象。等到十九世纪，化学家和物理学家对原子有了非常科学的认知，论证了它的存在，测量出它的大小和质量，等等。可是，恰好就在科学家证实原子是构成物质的基本粒子的时候，悖论就来了：原子并非不可分割，而是由更小的成分组成的。这些你已经学过了，一个原子核在中央，周围是电子云，而原子核可以进一步被分成质子和中子，质子和中子也还可以被分成夸克和胶子。

哈！简直就像俄罗斯套娃一样！

不过，与套娃不同的是，这些层层嵌套的粒子在每个层级都千差万别，这也正是它们非常有意思的地方。那我们再回到刚才说的科学走向终结的那个问题，历史已经提供了很好的例证，我们没法确定今天我们所了解的层级（也就是到夸克这一层）之下，是否还有一层、几层，甚至无限层有待我们去发现。不过，说到底，我之所以不赞同科学有一天可能会终结，并不主要是因为这个原因。

那你认为什么是更主要的原因呢？

我觉得世界如此丰富而繁杂，人类的学识没办法穷尽世界上所有的事物，也没办法在所有的事物上都有深入的思考。

可刚才你还在赞美人的思维能力来着！这会儿你又说人类没那么强大，会受到一些限制，而没办法再进展下去。那么，其实这样也可能导致科学停滞不前，走向终结，不是吗？

这是一种可能性。但我既不那么乐观地认为，我们总有一天会把一切弄明白，也不那么悲观地认为，我们有一天会走到人的极限而无法再有新的科学进展。我不认为人的思维能力会有某种内在限制，但我同时也认为世界的复杂性是无限大的，因此，除非人类走向灭绝，否则对世界的理解和探索将不会有终点。

你说了许多"我认为"、"我不认为"，然而科学并不是认为不认为的问题，而是实实在在的知识，不是吗?

你说得对,我刚刚和你说的,并不是一种科学意义上的陈述。当科学家研究科学问题的时候,他要面对的并不仅仅是纯粹的科学。他没法绕过他的个性、文化储备、哲学思想和心态。所幸是这样,否则的话,科学就成了一种非人类的活动了。科学工作需要探索出尽可能脱离这些主观因素的知识。这是个永无止境的任务,科学也正因此而伟大。你知道吗?没有什么比定义一个普通词汇更难的了,比如"科学""文化""道德"等等,正因如此,我们的对话才如此漫长,迂回绕转。不过,我倒是很喜欢一段关于科学的描述,它并不是出自一位科学家或哲学家,而是二十世纪的德国作家贝托尔特·布莱希特。他对科学很感兴趣,他写道:"我们可以把科学描述成一种努力,这种努力是为了发现科学定论和科学方法的非科学性。"换句话说,做科学研究,就是证实我们曾经认为是科学的东西其实并不科学。

**又来了一个新的悖论，我挺喜欢的，不过，我想请你举一个具体的例子。**

那就来说说太阳和地球的运动吧。起初，大家一致认为太阳围着地球转，这太显而易见了，只要我们在不同时刻观察太阳的方位就能看出来。然后，有几个古人想象过，哥白尼提出过，伽利略等人证明过：即便表面上看起来是太阳绕地球转动，但实际上却是地球在绕着太阳转。事情到此并没有结束！根据牛顿力学原理，我们知道，太阳和地球其实都绕着共同的重心在旋转（为了简化一些，我在此就不考虑宇宙中的其他星球了）。当然，这个共同的重心离太阳非常近，因此太阳旋转运动的幅度很小。但你别觉得这是一个无关紧要的细节：近年来的一个重要发现是系外行星，也就是围绕着别的星球旋转的星，这你应该知道吧？

是的，常常在电视节目里看到，大家也非常好奇会不会在哪颗星上有外星人。

这些系外行星大部分都是我们看不见的，所以能证明它们存在的一种方法就是，观察到某颗星球有小幅度的旋转运动，那么就表示它受到了围绕其旋转的系外行星的影响。总之，你看，科学首先告诉我们宇宙不是绕着地球转而是绕着太阳转，然后科学又自我更正，告诉我们地球和太阳都在转……

然后呢？

然后一直继续下去，太阳系绕着银河系的中心转，银河系也在移动……

*那就没完没了地继续下去了？*

谁知道呢？不管怎样，我倒希望是没有尽头的，因为永远能探索宇宙的新面孔，这是件美好的事。但是，也并非只有在研究极其遥远或者极其微小的物体时才能有新的科学发现。我们日常接触的事物往往也暗含着许多有待探寻的惊喜。

*比方说呢？*

比如说，很长一段时间内，我们都认为物质有三种存在状态。

*是的，我在学校里也是这么学的，有固态、液态和气态。难道有什么不对吗？*

如果说物质仅能以这三种状态存在，那就是不对的。你有没有听说过"液晶"这个词？

啊，我在广告上看到过，但不记得是哪个电器的广告了，我也没懂说的是什么意思。

为什么不懂呢？

我记得老师曾经教过我们，在晶体中，原子紧密有序地排列，而在液体中，原子仍然是紧密状态，只是完全无序了。

你说得对。设想某种物质的分子是像小棒一样的形状，并且这些分子都整齐地平行排列。

就好比晶体。

但同时这些分子在空间中的分布是非常随意的，

杂乱无章。

那就是液体的情况了。

完全正确。但这种既有组织性又有散乱性的状态，就是"液晶"状态的一种可能性。这种液晶的质地，于十九世纪被发现，但在二十世纪才真正被搞懂，此后被广泛应用于技术领域：电子手表的显示屏、根据温度而变化颜色的温度计，等等。再举一个例子，你也许会觉得很惊讶，但直到今天，一个生活中很常见的物理现象仍然没有被我们理解：湍流。

湍流，这是什么？

简单来说，就是当你打开洗手池的水龙头，你把水越开越大，你就能看到湍流现象。你肯定已经注意到了，当水流很小的时候，水流出来是平滑的、有序的，然后，随着你把水龙头调大，水流就变得无序，甚至会有各种喷射的水花和涡流。

是的，正因为这样，很多人会在水龙头上装一个防喷溅的水嘴。

你知道吗？物理学家们还没有搞明白，水流是怎么从一种流动状态变成另一种流动状态的，甚至也没办法描述湍流的状态。

你的意思是，当一些科学家在用那些巨大的粒子加速器研究微观世界，而另一些科学家在用那些巨大的天文望远镜研究宏大的宇宙，这时候还有些科学家，他们得在洗手池里做实验吗？

几乎可以这么说。不过，他们当然需要一些特殊的改良洗手池，以便能够仔细观察水流的情况，并且做出精准测量。

*水槽实验室？*

不错的名字！你得相信，这些物理学家用来描述和建模的公式，完全不会比量子力学家或者宇宙物理学家所用的简单。我还能举出好多关于这样的新型物理的例子：像细沙、浆糊、凝胶一样的微粒材料，里面藏着许多未解之谜，如果能弄清其中的原理，可能会有非常大的用途。

*可你为什么说是"新型物理"？难道不应该是老派物理吗？以前的经典物理才对可见的日常现象感兴趣啊。*

嗯，我确实应该说"革新物理"而不是新型物理。就像我告诉你的，在十九世纪，物理学家发现有很多现象都不会被我们的感官立刻感知到，比如一些不可见光波，一些无法察觉的原子，等等。这些现象逐渐被他们注意到，由此也产生了针对极微小或极宏大事物的研究方向。幸运的是，到了二十世纪后半叶，物理学又回归到距离我们更近的事物，也就是那些和我们在同一梯度而又还没有被攻克下的难题。

你说了太多关于物理的内容了。那么别的科学学科又是怎么样的呢？

哈哈，因为我更喜欢说我了解得多的学科啊。而在生命科学中，我们也可以看到有相类似的趋势。在二十世纪中期，分子生物学发展得如火如荼，人们从非常微小的梯度来研究生物……

# 10. 这些奇怪的词语中藏着什么？

比如说那个双螺旋的酸性分子，叫什么来着，脱氧双核糖酸，是吗？

差一点儿，是叫"脱氧核糖核酸"，通常我们更容易记住这种酸的小名："DNA"。对了，说到这里，如果你愿意的话，我们可以讲讲科学名词。为什么这些词语这么复杂？当我说"脱氧核糖核酸"的时候，你觉得听懂了什么？

我听懂了"核酸"，这和核心应该有点关系吧？

嗯，不过要注意，是细胞的核心，而不是原子的核心！然后呢？

我还听到了"氧"，氧气的氧吧？

是的，"脱氧"就是没有了氧。

那到底是什么没有了氧？

这个就很好玩了。需要看看这个词中间的部分，"核糖"，也就是说，是一种糖。

就像葡萄糖或者蔗糖一样是糖吗？

是的。还有一点，让你猜可能有难度：洛克菲勒生物化学研究所于一九〇八年发现了核糖。你拿一个核糖分子，给它脱一下氧，然后与磷酸化合，你就得到了这个著名的脱氧核糖核酸。大自然的生物早就用它来编织长长的双螺旋链，并且在里面存储遗传信息。

*天啊！怎么这么复杂？既然我们讨论到了这个，你能不能解释一下，为什么科学家们总喜欢用一些让人无法理解的词语？*

无法理解倒也不至于，我刚刚也告诉你如何去解释这个词了，但是理解起来有难度，那是一定有的。这是因为科学家研究的内容本身就比较难理解。十七世纪时，正值现代物理学的初始阶段，那是伽利略和牛顿的时代，科学家们研究的是可以直接看见或感觉到的现象，因此就会使用日常用语当中的词汇，比如力学中的"力"和"功"。不过，物理学家使用这些词的时候，都有特殊的含义，并不等同于它们在日常用语中的意思，其实有时候甚至会产生误解。后来，物理学家开始研究我们日常无法观察到的现象了，因此很多东西都没法用通俗词汇来命名。他们于是会创造一些词汇，就像我们说过的那样，会借用希腊语和拉丁语词根，毕竟这两种语言组成了我们的文化基础。所以说，你会觉得这些名词很奇怪：热力学（thermodynamique）、电磁学（électromagnétisme）、熵（entropie），等等。但你也会发现，有些词在一个世纪以前对外行人来说还是非常晦涩的，但如今已经众所周知了，因为它们普遍地与技术应用联系在一起，比如说能量、电势，等等。

可遗憾的是，这些词语没法激发任何想象，所以也没法代表什么。至少，当我们听到黑洞或者超弦，我们会有一些画面感。

那通常都是错误的画面！你真是戳中了目前科学的一个痛点。科学越是远离日常生活，科学家在分享他们的知识时就要付出越多的努力，这是自然而然的。但科学家经常会向现代宣传模式屈服和让步。我个人认为这样做是错误的,使用简单的词汇并不一定会帮助大众更好地理解科学进展;相反,有可能会制造更多的误会和错误解读。比如说,一个"黑洞"并不是一个洞,它也不是黑的,"超弦"并不是弦线,而著名的"宇宙大爆炸"也并不是真的爆炸……这些都是似是而非的比喻。这样说来,十九世纪的那些佶屈聱牙的科学用语还更好些,因为即便它们没法很快被人搞懂,至少也不会被人搞错!

*你是说,今天的科学家没办法简单地表述和传播知识了吗?*

简单地传播,是很难的,因为这些知识本身并不简单,不过这也正是这些知识吸引人的地方。二十世纪伟大的物理学家理查德·费曼,他本人也做了很多关于他的研究的科普工作,他讲述过这么一则趣事:在获得诺贝尔奖的几天后,他接受了一个简短的电视采访。第二天，他打了个出租车，司机问他："我昨天在电视上看到的就是您吧？""是的。""那些记者让您用三分钟解释您的科研成果，我要是您，我就会回答他们，如果三分钟就能解释的话，也就拿不了诺贝尔奖了！"

出租车司机说得有道理啊！科学家应该分享他们的知识，但这个任务很艰难，历时长久，并且总要从头开始。普及科学知识的必要条件之一，就是不厌其烦地解释科学术语，就像我刚才跟你解释 DNA 一样。

要是科学课上老师也能这么解释就好了！很多时候，老师把这些术语丢给我们，就好像是早就约定俗成了，也不解释这些词从哪里来的。

你要知道的是，也从没有人向你们老师解释这些啊！不管怎样，你可以毫不犹豫地问老师们，这些术语是从哪儿来，什么时候诞生的。如果老师没法一下子就回答你，他们也会努力寻找答案，并且他们会感谢你的问题。

说得也是，刚好我有个问题：为什么在天文学里我们说"陨石（météorite）"，而"气象学（météorologie）"又是在谈论天气。这两个词长得那么像，有什么关联吗？

这个问题有意思，并且正好也说明了科学史的重要性！你问的倒并不是一个被拼接得很长的现代科学术语。在古希腊语中，"meteôros"指的是"在空中"，因此就表示所有天空中的现象，包括云、雨、彩虹、雷电、流星。此后过了很久，也就是到了十九世纪，学者们才认可这样一个事实：来自宇宙空间的石头会落到地球上。当时的科学辩论非常精彩，我之后得好好跟你说说！从那时候起，人们才开始区分大气层中发生的事件（也就是气象学）和来自太空的物体（也就是陨石）。

**在我们谈到科学词汇之前，关于酸，呃，脱氧核糖核酸，你本来想跟我说关于生物学发展的什么事情来着？**

对，我刚才想和你说的是生命科学和物理学发展的相似性。在分子生物学来临之前，生命科学主要研究的是生物本身，它们的生物功能（呼吸、消化、繁殖，等等），这一切都是在生物实际大小的等比例层面上来进行。后来，生物学家也明白，放大到分子大小的比例上去研究会非常有用，就好比物理学家们试图从分子层面去解释物质的状态一样。

**能把复杂的现象放在更简单的机制中去理解，这样很棒，不是吗？**

当然棒，分子生物学给我们带来了许多更深入的新知识,关于遗传、关于某些疾病,等等。

那这有什么问题呢?

问题在于,这导致科学界整体丢失了一部分热情,科学家不再从等比例视角去研究生物的复杂性。不过幸运的是,就像物理学一样,生物学在二十世纪下半叶也出现了回归,重新开始从自然界去研究动物,而不仅仅是在实验室。换句话说,生命科学又再一次重返了自然科学的怀抱。

# 11. 为什么所有这些都是科学?

你还没有给我解释,为什么有这么多不同的科学门类。我们可以把这些全装进一种"大科学"中吗?比如,化学和物理,也研究同样的东西——分子和原子,不是吗?

哈哈,你的这个想法是一个由来已久的梦想了,人们都想要有一种科学,可以解决所有的问题。但历史的脚步却恰恰相反,科学分门别类,每个门类又分出了很多分支学科,甚至会再继续分下去。我们刚才说到的气象学和天文学,不就是到了很晚才分开的吗?事实上,就像我最初说的那样,我觉得没有一个独一无二的科学方法,可以把所有的问题都解决。还是那句话，世界的复杂性和多样性总是会让这个世界超越我们想给他附加的边界。世界上的物体是如此丰富繁杂，我们因此需要不同的工具、材料和知识，来真正理解它们。不过，这也并非是科学界独有的特性！在人类活动的大部分领域，发展都是伴随着多样化的。我们使用的工具也总是越来越专业化，越来越适用于特殊需求。不妨拿一个简单的动作来举例：切割。早期人类只使用一种工具来切割所有东西，那就是侧面锋利的石头，而今天，我们有各种各样的工具：斧头、锯子、厨用刀、切纸机、剪刀、剃须刀、手术刀，等等。在每一种不同的刀底下，还能至少再分出十几种不同型号的，就拿厨用刀来说，有分解肉的屠刀、吃肉排时用的餐刀、切鱼刀、切菜刀、捕猎短刀、多层刀片的折刀，还有许多我不知道的刀。同样，皮匠用的剪刀不是给绣花工用的，汽车制造工人用的螺丝刀不是给钟表修理工用的。其实，科学思想的工具和实际应用中的工具不也是同样的道理吗？

那你能不能举一个物理和化学使用不同工具的例子呢？

完全可以。物理和化学的确有共同的研究对象，也就是分子和原子，但它们所感兴趣的问题并不同。比如物理学家研究原子中的电子运动现象，它们具有怎样的能量，当我们激发电子时，它们会释放出何种射线，等等。物理学家为了研究这些，拥有非常精妙的理论体系，也就是量子物理学，同时还有非常先进的数学计算仪器。不过，即便这个理论体系能很好地处理具有少量电子的原子，可电子数一旦多起来，很强大的电脑也难以计算出方程式的答案。而化学家感兴趣的则是原子能以何种方式化合，并不会如此细致地去描述原子内部的情况，运用的化学原理更加粗略也更加高效，比如说化合价，你可能刚刚开始学习这些。

是的，就是路易斯结构式这些内容，对吧？

没错。重新回到我刚才说到的类比，化学家和物理学家使用的工具，就好像是裁缝用的剪刀和外科医生用的手术刀，所以你知道，它们是没法交换的。还有，你可以说，地质学和天文学都研究我们的地球。但天文学家计算的是地球在宇宙空间的运动，运用的是力学的一些公式。天文学家才不会考虑岩石的特性或者是地球表面的板块构造运动呢，而这些正好是地质学家感兴趣的领域，但地质学家则不会使用天文学家用的力学原理。

但我们也说，数学是可以为其他的科学学科服务的，不是吗？

不错，但是服务的方式并不相同。物理学研究的是单结构的物体（并不是很简单的意思！），需要用非常精密的分析工具，数学可以为此提供帮助。然而这样精密的数学分析，在别的复杂问题面前又会显得非常弱，就好比你要用一把折叠小刀砍树一样。通常在别的科学学科里，数学可以帮助建立数据库，处理几何地形或者别的特殊问题。但这些学科的基础并不在于数学，而物理的基础却和数学密切相关。比方说，我们可以来比较物理和化学中的两个基本概念，在物理中，力的概念是非常数学化的，一个力是一个向量，而在化学中，酸这个概念就和数学关系不大了。

到现在为止，你说的科学都是研究自然世界的，原子啦，动物啦，矿石啦。但我有时候也会听说"人文科学与社会科学"，我记得我曾经听一位物理学家在辩论时说，社会学并不是真正意义上的科学，社会学家听了自然很不高兴。你是怎么看的呢？

这取决于我们怎么定义"科学"了，而且经过这么长的讨论，我们已经看到，要给这个词下定义有多难，甚至罗列它的一些特性都很有难度。长久以来，我们都认为物理是科学学科的一个范本，简单地说，是因为物理知识非常客观和严谨。客观性与主观性相对，也就是说，科学家作为科学研究的主体，不能让他的个人观点、信仰、社会处境来影响他的科学研究。这个客观性的规则，在研究无生命物体的时候还完全立得住，但在涉及动物的时候，就已经很难说了……

是呀，我们上课的时候拿一只兔子做过实验，我超级难过，让我想到我自己养的兔子。

总之，在研究人的问题时，客观性就遇到了巨大的阻碍，不论是涉及个人心态（心理学）还是涉及人的公共组织行为（社会学），因为研究者本人也参与在研究对象之中，因此没有办法保持完全中立的态度。

*你是说，研究者的政治立场或者宗教信仰会影响他的工作吗？*

是的。你可以想想十九世纪的学者们，他们大多数都有种族主义的思想，认为皮肤颜色不同的人，生来就地位不同，某种人的智力生来就超过另一种人的智力。这种观念当然会影响他们的研究方式，因为他们总会努力证明他们已经坚信不疑的东西。这样的事也确实发生了，很多那时候研究人种的人类学家，他们测量了人脑的尺寸、脸部的棱角等等，进而得出非洲人比欧洲人更接近猿猴特征的结论。然而，后来在没有种族偏见的情况下再次测量，发现这个结论大错特错。再举个现如今的例子，一个经济学家，如果生活在不平等的资本主义世界中，那里一切都被金钱与市场掌控，那么他可能难以想象出一个不以金钱为核心的公平社会，并且也难以相信这样的社会如何能运转。

你说得很对。那么，你也认为并没有真正的人文科学和社会科学咯？因为它们不够客观。

并不是这样，这不是我的观点。首先有一个重要的原因，那就是即便在自然科学中，也不存在绝对的客观。

# 12. 客观与严谨——不可能吗?

我不明白，当某个科学家研究微生物或原子的时候，难道还会受到他的观念的影响？

因为在研究开始之前，所有的科学家都会有自己对世界的理解，这与他所处的时代文化密切相关——比如宗教就曾经扮演了重要的角色，同时也与他的性格密切相关。这种世界观首先会影响科学家的兴趣爱好，影响他如何选定研究主题，并且这种影响触及的是整个集体而非仅仅是个人。比如，十九世纪在生命科学领域出现了一场辩论，有一派观点认为一个生命并不仅仅是物理化学结构组成的机体，而是在某处也有独立的"生命信念"在支撑，另一派认为，为了解释生命现象，根本不需要考虑这种外部的生命信念的存在。

可是这对科学研究会产生什么影响？

很简单，这直接影响到了实验途径。如果你相信生命信念的存在，那么你只能对活着的动物进行生命现象的研究。相反，如果你不相信生命信念的存在，对动物尸体的解剖就足以提供珍贵的有效信息，因此你就会有不一样的研究策略。

那对于物理学家来说，是不是就没有这些复杂的问题了？

也不完全是这样，只是不那么明显罢了。我来给你说一个重要的历史实例。你知不知道，十七世纪初，伽利略可以说是奠定了现代天文学的基础？

*知道，知道，我记得你带我们去过佛罗伦萨的科学史博物馆，我们在那里看到了伽利略的观测工具。*

嗯，那你应该知道他的最主要贡献，就是认为天上世界和地上的世界其实是同一个世界，并且都遵从同样的物理法则。在他之前，亚里士多德学说的传统认为，地上的世界，即我们所处的世界，是一个不完美的世界、时刻变换的世界，与天上那个完美不变的世界相分隔。事实上，在一六〇九至一六一〇年的那个冬季，伽利略通过望远镜观察天空后，仅仅在几周时间内，发现了月球上的山脉（这说明月球表面不是完美的球形，而和地球类似），还有木星的卫星（这说明地球并不是绝对的旋转中心），等等。你可能会以为，谁都可以通过望远镜去验证这些现象，因此那些传统世界观的人很容易就可以被伽利略说服。事实上并非如此！有人理论说，望远镜是在地球上制造的，它只能让我们看到与它本质相同的物体的真面目,比如说看海上的船,就能看得很准确,但我们如何能确定拥有地上世界属性的望远镜不会扭曲天上世界的形象?我们如何能相信望远镜对天上世界的展示呢?当然啦,今天我们都知道伽利略是正确的,然而当时的那些反对派也一样拥有难以驳倒的逻辑推理。你看,像这样的一个世界观,它虽属于哲学甚至形而上学的范畴,一样会对科学的发展产生一定的影响。

那么,研究人类学和社会学,受到影响就更大了,对吧?

是的,但我想说的是,既不存在绝对客观的研究,也不存在绝对主观的研究。客观性永远无法得到保证,而科学工作的一个重要方面就是寻求客观性,增强客观性,在所有必要的地方都不断进行质疑。人文科学的发展历程告诉我们,这种具有批评属性的工作,虽然艰难,但是可行。我们再回到那个人类学的例子：随着人们思想观念的改变，关于"低等人种"的概念也逐渐消失（即便仍然还有一点残留），人们认识到，那些根据肤色或者其余标准把人分成三六九等的研究结果，都是错误的。并且，介于自然科学与人文科学之间的分界线也不再那么清晰了。

即便如此，研究一个药物分子，与研究亚马逊人，总归还是很不相同的吧？

是不相同，但是就在你举的这个例子中，两者并不是完全分离的！生活在雨林中的人十分了解他们的生存环境，并使用某些植物来治疗疾病，这些植物中就含有某些化学物质，从药理学的角度而言是十分有用的。我们还可以再举一个动物学的例子。人们一直很想知道，人与猿的不同与相似之处分别是什么。因此，一些研究者在特定的实验室观察并测试了大猩猩的反应能力、交流能力。还有一些研究者认为对他们进行实地观察会更有说服力，也就是到他们真正生活的大自然中去。结果，意料之外，情理之中，生活在大自然中的大猩猩比关在笼子里的更聪明。野生大猩猩展现出了使用工具甚至自制工具的能力——这是技术文明，还有一些不简单的社群行为——这是政治文明，它们与人的相似度超乎我们的想象。因此，在这个研究案例中，人文科学和自然科学本身的界限就已经模糊了。

我们起初开始讨论这个问题的时候，你说到了一个你似乎不太赞同的观点，那就是一门科学应该要提供客观和严谨的知识。你刚才告诉我，客观不客观其实很难说清。但是严谨至少是必要的吧？人文科学会有不严谨的问题吗？

会有的，但也和客观性的问题一样，我们对严谨性有相对灵活的理解。可以说，严谨就是一些需要满足的条件和达到的标准，使得一个知识足以被大家接受和信服。但是又不存在一个无比厉害的准则，能一次性规定所有这些条件和标准。所以严谨性往往是在科学家之间达成的某种认可，并且这种认可还未必是一致的认可，也会随着时间而改变，也会根据不同的学科而有差异。

举一个极端的例子，数学通常被认为是科学中最为严谨的学科，因为所有的结果都是需要论证而得出的。但怎样才算得上是好的论证？这个问题随着时代的变化也有不同的答案。很多旧时代的论证放在今天来看，即便结果是对的，过程也并不是那么正确，缺乏严谨性。比如，毕达哥拉斯定理确切来说其实不是定理而是公理。十八世纪由牛顿和莱布尼茨做的大部分微积分运算到十九世纪完全被修正，也是得益于严谨性的提升。直到今天，科学家也在不断加强严谨的要求。

那么，人文社会科学没有论证，而是靠论述，所以你会觉得严谨性就不那么明显了，很多专家也一直都在争论这个问题。

好吧，如果说在硬科学中，客观性和严谨性都有点没把握，那我真不知道我们还怎么谈某个知识是不是科学的。

我没说客观性和严谨性不重要啊！它们是我们的目标，并且会不断地被更新。

那就是目标之后还有目标……

对呀，就是这样。可以说，科学的研究就是要努力达到客观和严谨，即便绝对的科学和严谨无法达到。

可是，好不容易努力得来的结果，你其实永远都没法确定这就是最后的答案，这也太叫人失望了，不是吗？

也许对某些人而言是失望，那么这样的人最好还是别当科学家。如果有人选择科学道路，是为了得到绝对的真相和最终的答案，那么他肯定会很失望的。我刚开始做科研的时候，就是这样的情况。但最终我反而从中找到了满足感，因为没有什么问题可以被绝对解决，所以我们的科学事业永不停息。你知道这种感觉吗？就好像我们一起去远足，不能觉得只有抵达终点是最重要的，你并不一定只在到达顶峰或者集合点时才能感到满足啊。欣赏脚下的每一步，领略找到路的快乐，感受一路上不断变化的风景，你会更有成就感。总而言之，科研工作的主要动力来自被提出的问题而不是得到的结果。

啊？这是什么意思？

我们在研究初期提出的问题，大部分都会走向死胡同，我们会逐渐发现问题太复杂或者是问题问得不好，所以没法回答！所以需要重新审视问题，不断修改其中的措辞，直到问题能够走上一条通往目标的道路。我们也许可以这么说：科学是这样一门艺术，它将问题不断转化，直到这个问题可以被解答。

比如说，我们知道，如果我们松开高处的重物，它们会往下掉。那为什么地球不会掉下去呢？你知道为什么吗？

等一下，让我想想……重物是往地球中心的方向掉，对吧？所以地球不能往自己的中心掉！

很棒的回答，你看，你其实并没有回答这个问题，而是告诉我这个问题问得不对，没有答案。之后，你还可以提出一些有答案的问题：既然地球不会掉下去，那么它是否在进行别的运动？如果它在动，那么是什么让它动的呢？……

可是，你刚才为什么说科学是一门"艺术"？

我想用这种出人意料的说法来表明：这种转化问题的工作并没有什么规律可循，也没有普遍适用的方法。我说的"艺术"更多应该理解为手艺，就像工匠的手艺活那样。

# 13. 科学之外的知识

好的,我明白了。但是如果科学没法解答我提出的问题,也并不代表我的问题就毫无意义,对吧?

你的这个观点实在是太对了,并且这很重要,值得大声地、肯定地说出来:科学无法回答所有问题。在我看来,科学只能回答人类生活中遇到的很有限的一部分问题。你想想每天你要问的问题、别人问你的问题、你听说的问题……

"你喜欢这双鞋吗?""你困了吗?""你还是小卡的朋友吗?""我到底是今晚把数学题做了呢,还是等明天再做？"这些问题，确实和科学一点关系也没有。

这些都可以归结为我们会问自己的重要问题，比如"他/她到底爱不爱我？""我到底应该选 A 还是选 B？"

其实这些问题真让人头疼，因为它们没有明确的答案。至少在做数学题的时候，我很清楚，如果 $a=5$，$b=8$，那么 $b>a$。

不过，有些问题虽然与科学无关，你仍然会很确定问题的答案。比如"我喜不喜欢他/她？"，你终究会知道这个问题的答案，既不需要解方程，也不需要做实验……

有的时候，还是实验能够让人作出决定！

说得好！除了科学知识之外，还有别的领域的知识，可以是情感的、艺术的、诗学的、社会的，等等。科学是诸多人类活动中的一种，科学的意义也正在于它的独特性和专业性。

*我想回到我们刚才没有讲完的一个问题：科学的实际用途。你跟我解释了，在古希腊的时候，科学原理其实还没有实际运用在生活中，对吗？*

总体来说确实是这样，并且这种情况持续了几个世纪。

*但今天不同了，是不是？*

嗯，今天当然不同了。如今的科学发展对技术进步而言是至关重要的。我们运用科学知识发明创造了很多东西，于是才有了我们现在这样的，比祖先更便利的生活。有了电话，我们可以和很远的人聊天。有了电，我们可以用它照明、取暖、洗衣服，用它供应各种家用电器。有了疫苗和药品，我们可以预防和治疗疾病，可以活得更长久。

*我总是很难想象，当你还小的时候，没有电视、没有手机、没有电脑……*

但你要知道，在各行各业最有用的物品，包括你的个人生活中最有用的物品，都不是科学带来的。甚至从某种意义上说，人类创造以及使用的大部分工具都不是基于科学知识而产生的。面包店里的师傅不需要懂化学也知道做面包。人类知道做面包已经有好几个世纪甚至好几千年了，面包的历史远远超过了化学的历史！泥瓦匠、木工、园丁……像这样的工匠行业也很少倚赖于科学知识或者高科技产品。你再观察你的周围：你仍然在穿布做成的衣服，你家里摆放着木头做的家具，你用着陶瓷的碗和盘，还有你的草稿纸和铅笔，所有这些日常用品，其实很久以前就有了。

嗯，不过有了越来越多的电脑、微波炉、DVD影碟机。技术是什么时候发生改变的呢？为什么会改变？怎么变的？

我们可以尝试理解一下科学与技术之间的复杂关系。首先我们需要回到很久很久以前，大约三百万年前，我们的祖先那时候还不算是人类，比如南方古猿。这些原始人类已经不再是猿猴了，他们可以直立行走，并且会使用工具。这些工具还不像之后的史前人类制造出来的那么精美，而仅仅是一些粗糙的石器，虽然不好看，但是管用。这就是技术。技术的改良伴随了人类的整个进化历程，从南方古猿到直立人，再到智人，最后到我们现在的人类。

是呀，我在电视上看过《火之战》( *La Guerre du*

*feu*），这部电影里演了这样的故事。

这部电影也仅仅是根据我们对史前时代的有限认识，展示一些特征性的形象罢了……史前人类学会了用火，然后会种植，会驯服动物，制作陶器和铁器。这都是几千年前发生的事。人类逐渐定居下来，不再四处去大自然中游荡，开始建造村落，开垦田地，驯服动物并把它们圈养起来。在这个过程中，技术发生了巨大的进步。技术革新和发明创造几乎是全凭经验而自发形成的，然而进步的速度也比较慢，因为那时候还没有博学的科学家来思考和解决问题，当闪电击中了森林，树木着火了，人们没法理解这个现象，也不存在专门的实验室去研究它。在人类历史的大部分时期，差不多有好几百万年，技术没能依赖科学知识而自行发展。而我们可以称作科学的，是一种特殊的智力活动，科学不仅仅来源于生活经验，还诞生于文字文明。文字文明放在几百万年的人类历史中来看，存在的时间还并没有多久，也就四五千年而已。可即便在科学已经诞生了的文明时代，科学也在很长一段时间里并没有起到什么实用价值，也就是我们已经讲过的古希腊的例子。

# 14. 从技术到科学，再回到技术

既然这样，是什么时候科学与技术的关系发生变化的？

你真是等不及要知道啊，那我就得跳过好几个世纪，直接给你讲讲开启现代社会的伟大时代，也就是十七世纪初期。那时候的欧洲，在意大利、法国、英国和荷兰，人们终于觉得科学应该有点实际的用处了，为此打算系统性地大力发展科学。曾经在古希腊八竿子打不着的两个想法——其一是认识世界，其二是改变世界——在这时候合二为一了。为什么呢？因为世界上辛苦劳作的人，那些工匠、商人，在此之前都是被统治阶级，在社会中一直扮演着附属的角色，到了这时候，他们拥有了新的地位。在文艺复兴时期的欧洲，他们赢得了权力，并且成了欧洲大城市的新兴资产阶级，多少也就摆脱了封建社会强加在他们身上的统治。因此，他们从事的一些手工行业的活动，不再被认为是粗鄙的工作了。伽利略，现代科学的奠基人之一，他想要发展物理学，于是去了威尼斯兵工厂，观察木匠、制绳工、铁匠等等，从而有了一些新的想法，并在此之后创立了力学。他开始搞科学研究，以一种前所未有的方式：他不仅仅是观察这个世界，不仅仅是看石头和树叶怎么落到地上、星星怎么在天空中移动，他还会做实验。他自己制作一些仪器，并且在仪器里上演一场场自然现象的实验。于是，他不用再观察一块石头掉在地上，而是让一些小滚珠从斜面上滚下，通过改变实验条件，观察不同的测量结果。

**看得出来，你非常喜欢伽利略！**

是呀，我承认。不仅仅因为他是科学天才，也因为他是文化人，扮演了非常重要的历史角色，性格也非常有趣。当然，现代科学的奠基人不是只有他。多亏了伽利略和同时期的伟大的科学家（比如法国的笛卡儿），现代科学终于和技术紧密地联系在了一起，并且即将发展为相互促进的关系。笛卡儿曾写过一句名言：得益于科学，人类终于能够成为"自然的主人和统治者"。自然原本对人来说很陌生、很凶猛，有暴雨、地震、严寒、酷暑，自然原本让人感到紧张，我们在自然面前很难有把握保全自己。现在我们即将可以拥有自然，利用现代科学成为自然的主人和统治者。在同一时期，英国伟大的思想家弗朗西斯·培根写道："知识就是力量"。也就是说，如果我知道什么，那我就能做到什么。

*所以，是从十七世纪开始，科学才开始帮助技术的进步？*

不，还没有！因为培根与笛卡儿的这个美好愿景，还没有被大众认可，仅仅停留在理想层面，在整整两个世纪内几乎都没有什么实际的进展。在十七世纪和十八世纪，科学也发生了进步：包括牛顿在内的大科学家们发现了许多关于物理的新知识，在化学、生物领域内也有新发现，不过这些知识还很少得到应用。技术与此同时继续独自进展着：风车的改良与造船业的进步在没有科学助力的情况下也完成了。所以达朗贝尔说了一句多少有些讽刺意味的风凉话。你知道达朗贝尔是谁吗？

知道，他是数学家，也是狄德罗在十八世纪主编的《百科全书》的作者之一。

是的，正是他在这部《百科全书》的引言中写道："然而，不管人类曾经成功地走过了怎样的道路，［……］人们为一个物体感到兴奋，而他们之间的对话可能和这个物体一样有趣；对广阔宇宙的观察和实验很快就会让人们遇到阻碍，而即便是花费最大的努力，人们也无法越过。思想，多习惯于沉思默想，贪婪地想得到某个成果，应该会在发现某些物体的属性后找到某种启发，而这种发现是完全没有边界的。

"的确，如果说大量的知识足以安慰实用真理的缺失，那么可以说，对大自然的研究虽然不能为我们解决日常所需，但至少给我们提供了大量的愉悦感，这种非必需的感觉，尽管不完美，但也补充了我们目前的缺失。

"再说，在我们的生活所需和我们所热爱的东西之间，还是愉悦感排在第一位，而好奇心也是会思考的人的一种必需品，尤其当这种渴望被一种无法自我满足的气恼所激起。因此，如今我们拥有很多令人感到舒适的知识，还得要感谢我们不幸的无力感，因为我们从中反而得到了我们更加需要的东西。"

简而言之，也就是既然我们还没能把知识运用在现实生活中，那至少我们可以享受到知识带来的思想乐趣。直到十八世纪末十九世纪初，也就是仅仅两百年前，科学终于开始哺育技术的发展了。从这时候开始，一切都飞速向前，首先就要数化学发展最快，然后是二十世纪的电子技术与核能，到今天生物科学得到越来越广泛的应用。你要知道，我们今天的这个科技世界相对于整个人类历史而言，还只是一个年幼的新世界。

**那我老是听人说，科学研究主要是为了推动技术发明和工业革新，这难道不是显而易见的道理吗？**

比你以为的要不显而易见得多了！因为在二十世纪，当物理学家们致力于理解原子构造的时候，他们发现了原子核以及其中含有的巨大的未知的能量，但他们完全不是为了建造核电站或者制作原子弹才研究原子的。他们甚至认为核能无法应用于现实。卢瑟福，一位伟大的物理学家，就是他发现了原子核，他在上世纪三十年代发出声明，说人类永远无法掌控核能。他完全搞错了，就在他说完这话的大约十五年后，原子弹轰炸了日本的广岛和长崎。再给你讲一个例子，爱因斯坦在一九一七年发现了"受激发射"的量子理论，他当时完全没有想到这促成了二十世纪五十年代激光的发明。而对于发明激光的人来说，激光只不过是他们的科研工具，脆弱、复杂、昂贵，谁也没有想到在二十世纪末，这项技术被微型化，并且只需要几欧元的造价，就可以用来读取 CD 光盘上刻录的音乐。

**如果我理解得没错的话，科学家做研究的时候并不会想到可能的应用场景，而只是科研成果出来之后，人们再考虑如何能使这些成果发挥作用，对吗？**

十九世纪以及二十世纪初，基本上就是这样的情况。但第二次世界大战开启了新的局面。也正是在一九三八年，人们发现了原子核裂变反应，从而找到了把核能释放出来的方法。

我上课的时候也听说了一点，可是好像没有完全明白。

裂变，就是破裂的意思。简单来说，如果一个中子轰击一个质量大的原子核（比如铀原子或钚原子），这个原子核就会裂开，得到两个质量小的原子核以及两到三个中子。这些中子就又可以继续轰击其他的大原子核，以此类推。这就产生了链式反应。最早由一个原子裂变释放出来的能量，还是非常小的，然而链式反应一旦启动，那么释放出来的总能量就非常可观了。如此一来，我们就能从一定量的某种物质中得到非常多的能量，这远远超过其他的能量释放方式，比如燃烧或者撞击等等。

*那可以说，这就好像雪崩一样？*

是的。这一发现正好是在二战的初期，当时各国的政治军事力量，尤其是美国，都要求物理学家研发出制作新型炸弹的技术，并且要制作出前所未有的强力炸弹。将科学直接用于军事，这倒也不是头一回，第一次世界大战时就利用化学制造了毒气弹，然而这与二战的原子弹相比，杀伤力就不是一个数量级的了。

*但核能也并不是只能用来造炸弹吧？*

当然不是。二战之后，人们开始建造核电站，把核能用在城市生活供应上。比如在法国，四分之三的电能都来自核电站。当然，你肯定也听说了，核电站同样也引发了许多严峻的安全问题。

**是的，尤其是日本福岛核泄漏事故。**

我们暂且先不谈核电站的安全问题，因为这不完全是一个纯科学问题，而是受制于很多其他方面的因素：技术层面，关于混凝土的坚固性、管道的牢靠程度、地震危险的规避；经济层面，关于燃料的价格、维护与拆卸的成本；警务层面，关于核电站的安保工作、泄漏危险的规避。

我想跟你说的是，随着核电计划的成功实施，科学与技术这个组合变得更加紧密了。以前是等着科研结果出来看看能怎么用，现在是技术需求指引科学研究，让科研能够提供有应用价值的知识产出。军事力量和工业巨头大规模资助科研工作，为的就是能将成果用于增强军备实力和供应高科技市场的消费需求。科学于是有了经济的支撑，科研团队也就不断壮大，并且可以购买更加巨大而精密的科学仪器，完成更大规模的试验，我们也称之为"大科学（Big

Science）"。

哇，这应该很了不起吧？

当然啦，科学家们可以研究一些在此之前还难以想象的课题，他们可以使用超大规模的粒子加速器，可以向太空发射天文望远镜，可以用超级计算机解码人类的基因组，等等。可这同时也改变了科学的性质。你还记得我们说过严谨性吧？科学的严谨性有一个传统的检验标准，就是看成果是否可复制。根据约定俗成的规则，要使一项科学实验的结果被认可和接受，那么这个结果必须是可以通过重复的试验来被验证的。这个规则适用于经典科学的大部分实验，比如帕斯卡的大气压实验，比如巴斯德关于微生物是否能自发繁殖的实验，等等。可如果使用我刚才说到的这些巨型高端实验仪器，一个实验的成本就非常高了，并且科学家们也必须不断地做新的实验，不太可能去重做已经做过的实验。我并不是说这些实验的结果不可靠，而是举这个例子告诉你，科学本身就是在演变的。

# 15. 选择自由的研究还是有收益的研究？

> 你看起来还是挺在乎科学的这个演变的，对不对？

是呀，因为这引发了另一个严峻的问题。当今社会给科学家提供了非常好的条件和资源，但作为回报，也要求科学家迅速产出有实用价值的成果：怎么制造新型药物、新型材料、新型武器，等等。然而，很长一段时间以来，学者们的研究目的是理解大自然，事先并不会考虑自己的研究到底有什么实用价值。因此他们可以很自由地工作。可现在，他们必须要短期内得出成果，不再有机会去做一些不被人看好的研究。而要想有新点子、新思路，通常是需要很多时间才能让这些观点走向成熟的。

**也许就是这个原因，我们才经常听科学家呼吁尊重他们的研究自由吧？**

是的。但是国家或者企业不可能大举投资、支持某科研工作而完全不求回报。如今有一些科学研究因为经费不足而面临被放弃的困境。没人知道该怎么解决这个问题，怎么解决科研自由和科研资金来源之间的矛盾。

**这真是"钱多不坏事"这句俗语的反面案例啊。**

也许这句俗语更贴切："钱买不来幸福"。

**如果你认为现在越来越难有新的想法，那是不是可以说，某种程度上，科学研究有可能会停滞？**

我感觉这是一种可能性，并且需要严肃地思考它。倒不是说我们有一天会关闭实验室，科学家们都要失业，而是真正意义上的科学研究不断被弱化，直到这项工作完全变成一种短期的技术革新。说起来，已经有很多科技进步都多多少少是根据经验得出的，我们还不是很清楚它们的理论依据。那么，我们从某种意义上又回到了十七世纪科学革命之前，也就是说，技术的进步并不依赖科学知识的进步了。也许我们现在正处于人类历史的一个特别时期的尽头，这个特别时期也非常短暂，它将成为人类理解世界与改变世界这两者齐头并进的唯一时期。

**我实在很难想象，如果对于世界的认知不再是一种主流价值，那么这个社会将是什么样。**

可你要知道，在人类文明史上，科学（不管是以何种形式存在的科学）作为主流价值的几大时期都没有持续很长时间，很快就被打断了。比如说历史上阿拉伯的科学或者中国的科学。连古希腊科学也是这样，我们之前提过了。你也知道的，古希腊的雅典和其他城邦在公元前二世纪被罗马人占领。

是的，我们学了这段历史，然而，虽然罗马人占领了希腊，却反倒是希腊文化征服了罗马人。

诗人贺拉斯在公元前一世纪就是这么写的："希腊被打败，却用文化艺术征服了野蛮的胜利者。"事实上，罗马人吸收了希腊文化——文学、神话、艺术、哲学、建筑设计。但是科学在哪里呢？不如我来考考你吧，你列举几个古希腊学者的名字。

很简单啊，我们已经提到了泰勒斯和毕达哥拉斯，还有欧几里得、阿基米德……

还有很多：喜帕恰斯、埃拉托斯特尼、海伦、托勒密，这些都是比较有名的。但是，你能举几个罗马学者的名字吗？

我不知道了……

这其实有一个很简单的原因：罗马文化对基础科学一点兴趣也没有！古希腊科学直到好几个世纪之后才被重拾和传承，传到了阿拉伯世界，然后又回到了欧洲。

你觉得我们会不会也进入一个类似于罗马文化的时期？

类比似乎没有道理，而且我也不想让你灰心丧气，我还是希望你们这一代能够阻止科学的没落。

# 16. 科学将何去何从呢？

你觉得怎样才能走出目前的困境呢？

也许首先应该换个问法（我们已经讨论过，在科学工作中就应该不断调整所提出的问题），我们不应该问"科学有什么用？"，而应该问"科学为谁所用？"。问题的答案是很模糊的：科学可以为整个人类带来福祉，也可以为一小部分人谋得利益，甚至被某些人利用，成为攻击另一些人的暴力武器。为了避免科学对社会产生负面影响，我们需要更好地理解科学在人类社会中扮演的角色。还是贝托尔特·布莱希特，他在第二次世界大战和广岛原子弹之前就已经写道："我们借助有组织的工作和伟大的发明向自然抢夺东西，抢得越多，我们跌得越惨，像是要跌入生存危机之中。我们并非能主宰什么，反而似乎是我们被主宰。然而这种状态还在持续，因为有些人，通过利用一些东西，来掌控另一些人。

"我们只有摆脱了人类的暴力，才能摆脱自然的威力。如果我们想利用我们人类对于自然的知识，那么应该在我们的自然知识中，再加入社会知识。"

我很喜欢这段话，因为它倒转了我们通常对于自然科学和社会科学的理解——我们总是以为自然科学更加先进，并且能使社会科学受益。其实恰恰相反，今天的物理学家、化学家、生物学家更加需要人类学家、社会学家、经济学家以及哲学家。

所以说，我对数学和哲学感兴趣，还对物理和语文感兴趣，这倒也不是浪费时间的组合咯？大家常问我到底偏文还是偏理，我每次都不知道怎么回答。

最好别回答这问题！如果你能不选择的话，那就不要选择，或者等到不得不选的时候再选，等到你有充分的选择理由的时候再选。你要知道，不管你将选择哪个方向，拥有尽可能广的视野总是非常宝贵的财富。而且，即便你最终选择从事艺术、商业或别的什么工作，你也不必就把科学完全忘记！就像很多科学家可以通晓音乐或者戏剧那样，从事文科工作的人也可以当个科学爱好者！有些科学甚至也很需要爱好者的贡献，比如天文学、植物学。

*不过，我还是有些混乱。你一开始告诉我科学是充满乐趣的，最后你说到科学有可能会衰落消失。你得承认你说的这些话可一点都不鼓舞人心！*

你说得对，我可能有点太悲观了。你就当是我老了吧，你还是要保持年轻人的乐观心态。

所以你对未来还是有希望的咯？你最期待的科学研究是什么？

首先，有几个开放式科学大问题也许会在未来几十年找到答案。其中有些很具体，比如更好地理解某种生物现象，比如找到治疗癌症的方法。另一些则很抽象，绝对是脑力的挑战，比如数学中有一些猜想，描述起来感觉很容易，但是要证明却非常难。

你可以举个例子吗？

你知道什么是"质数"吗？

知道，就是一个数不能被1或自身之外的数整除，比如7或43。

好，十八世纪的时候，哥德巴赫提出了这么一个猜想：任一个大于 2 的偶数都可写成两个质数之和！你可以很容易用一些不太大的数来验证。比如你试试 10？

很简单啊，10 = 5 + 5。

也可以是 7 + 3，这个猜想并没有说解法是唯一的，而是说至少有一种解法。再试试 42 看看？

你故意刁难我吧？

啊？怎么这么说？

怎么，你不知道 H2G2 吗？

不知道啊，是什么？

是《银河系漫游指南》(*Hitchiker's Guide to the*

*Galaxy*）啊！

那又如何？

在这本大受欢迎的书中，42是"关于生命、宇宙及其他"的唯一答案。不过郁闷的是，没人准确地知道问题究竟是什么……

太可惜了！那我们回到我们的问题，幸运的是这个问题还挺简单，也就是要把42拆成两个质数。

嗯……31 + 11，或者37 + 5。

不错。还可以是29 + 13，或者23 + 19……然而，目前我们还没法论证，一个偶数不管多大，都可以找到两个质数加起来等于它。

论证这个有什么意义呢？

也许意义仅在于证明人类的脑力可以做到，就好像证明人类的身体能够在 10 秒内跑完 100 米。但可能这个论证的过程也会促使新的数学工具被开创出来，而这些数学工具说不定可以帮助解决别的问题。

话说回来，比起 H2G2，以及其中关于 42 的笑话，科学貌似缺了点什么，我想应该是缺一点玩笑，你觉得对吗？

是呀！所有人都有幽默感，科学家也不例外。当然，大部分科学家的笑话都很专业，只能让他们自己发笑。

那你试着给我讲一个科学家的笑话嘛。

好的，但是也只有等你上高中了你才能理解其中的笑点。这个笑话是这么说的：X 与 $X^2$ 一起坐船，X 掉进水里了，那么船上剩下了什么？

我猜答案肯定不是 $X^2$。快告诉我还剩什么了？

是 2X，因为船"倒"（导）了，对 $X^2$ 求导，也就得到了 2X。好吧，这对你来说并不好笑，但等你学了数学当中的导数之后，你就能会心一笑了。

你不能说一个好点儿的笑话吗？

可以，还有一个我很喜欢的。这个笑话的主角是尼尔斯·玻尔，二十世纪非常著名的丹麦物理学家，曾探讨过学者的主观性对科研的影响。据说，有一次，他邀请一位同事去他在乡下的一个小农庄。到达的时候，这位同事看到门上钉了一块马蹄铁，惊讶地问道:"尼尔斯,你是个科学家,拥有理性的科学思维,怎么会这么迷信,觉得马蹄铁可以带来好运而把它钉在门上呢?"尼尔斯回答说:"当然不是这样,我完全不信这套。但你要知道,貌似即便我们不信,马蹄铁还是会给我们带来好运的。"

这个不错!但又把我们带到了信仰的问题,我刚好想问你。有一次上生命地球科学课,老师给我们讲了达尔文和他的进化论。班里有一个信教的学生,他跟老师说这个理论是错误的,因为是上帝创造了所有的物种。老师严厉地回答他,进化论是经过科学论证的,足以反驳与之对立的宗教观点。这件事引起同学们对科学与宗教的很多讨论。

那你们都有哪些不同的观点和立场?

有些人说,既然科学证明的真相与宗教观点相反，那就足以证明上帝并不存在，我们应该放弃宗教信仰。另一些人说，我们可能要改变或舍弃某些宗教观点，但仍然可以既相信上帝又接受科学。还有一些人则支持那位课堂上提出反对意见的同学，他们认为科学的真相并不是绝对的——其实你也这么说过。你是什么观点呢？

我当然不相信是上帝花了七天时间一下子创造出了这个世界。关于进化论的问题，还是科学胜出了，至少，科学是可以自我修正的。所以，如果某种宗教试图对任何问题都强加一个不可驳斥的答案，这在我看来是很可恶的，因为这会逼迫我们放弃批判思维，并且走向真正的精神独裁——有时候也会走向政治独裁。

你说"某种宗教"，难道还有别的宗教？

当然有啦。我们信仰一个上帝，或者好几个神，是希望宗教可以给道德操守制定规则。我们也可以通过宗教得到心灵的抚慰，尤其是面对生活的苦难或是对死亡的恐惧。我们甚至得感谢宗教让人的精神得到升华，并且有很多伟大的艺术品或哲学作品都与宗教相关。所有这些层面都完全不会让宗教与科学互相干涉。即便我并不信仰宗教，但我仍然尊重宗教，同时我也要求信仰宗教的人能够尊重我不信仰的选择！

*所以你觉得那位同学的狂热崇拜是错的，而老师的独断教条也是错的，对吗？*

你完全理解对了。

*我们再回到开放式的科学问题。现在有很多吗？*

是的，非常多，尤其有一个产生了很深远的哲学影响:在别的星球上有生命吗?

**你是说外星人?**

是的,即便可能不像电影《外星人 E.T.》中那样智能而有沟通能力,即便可能我们最初找到的只是一些微生物,这都会完全改变我们的视野,以及改变我们人类在宇宙中的地位!你将来很可能会见证这样伟大的科学发现,甚至你还会参与其中,为什么不呢?

**啊,这个我喜欢!那我将来就要学天体物理学和生物学!**

但除了这些科学领域内的问题,还有一些问题是围绕科学提出的,我也期待你们这一代能够解决。

**什么问题?**

我们已经提到过。我可以一下子给你列一大堆：如何平衡地把握科学发展与技术发展？如何使科学研究不受到经济目的的影响？如何权衡不被看好的研究与势必有用的研究？如何将科学与文化联系得更加紧密？如何在科学课堂中引入更多趣味性内容？如何防止科学的理性变成教条主义？

噢，这还真是个大工程！

这就靠你来贡献力量啦！不过你还小，在你学会这些本领之前，不如我们今晚一起去看星星？

好啊，也许我们能看见彗星呢！

走吧，我去拿望远镜。